Alice Le Guiffant et Laurence Paré

Petit cahier d'exercices de simplicité heureuse

Illustrations Jean Augagneur

jouvence éditions

Petit Cahier
Sport cérébral du bien-être

Des mêmes auteurs aux Éditions Jouvence

Petit cahier d'exercices pour se désencombrer de l'inutile, 2009
L'art du désencombrement, 2009

Dans la même collection PETIT CAHIER

Petit cahier d'exercices des quatre accords toltèques, Patrice Ras, 2011
Petit cahier d'exercices pour se faire des ami(e)s et développer ses relations, Odile Lamourère, 2011
Petit cahier d'exercices d'intelligence émotionnelle, Ilios Kotsou, 2011
Petit cahier d'exercices de méditation au quotidien, Marc de Smedt, 2010
Petit cahier d'exercices de désobéissance civile, Jacques de Coulon, 2010

Catalogue gratuit sur simple demande

ÉDITIONS JOUVENCE
BP 90107 - 74161 Saint Julien en Genevois Cedex
Suisse : CP 184 - 1233 Genève-Bernex
Internet : **www.editions-jouvence.com**
Mail : info@editions-jouvence.com

ISBN 978-2-88353-734-7

Couverture : Éditions Jouvence
Mise en page : Caroline Delavault
Dessins de couverture et intérieurs : Jean Augagneur

Table des matières

Introduction

Ce petit cahier d'exercices vous propose des pistes pour découvrir et appliquer la simplicité volontaire et heureuse dans votre quotidien.

Cette philosophie de vie nous apportant épanouissement et bonheur, nous préférons l'appeler « simplicité heureuse » que « simplicité volontaire » qui nous semble trop laborieux et contraignant. Heureuse.

La simplicité heureuse est un choix de vie qui vise à se libérer d'une trop grande dépendance au matériel et à remettre en cause les habitudes consuméristes de notre société, afin de se rapprocher de ses valeurs et de ses besoins réels. Cette démarche s'entreprend pour soi, pour les autres, pour la planète, chacun avançant à son rythme sur des chemins qui lui sont propres et avec ses priorités personnelles. Pas question, donc, de renoncer à tous les plaisirs de la vie sous prétexte de vouloir absolument aller au bout de votre démarche. On ne quitte pas une société abrutissante et coercitive pour des concepts qui emprisonnent davantage.

Nous allons explorer différentes voies pour tenter de passer de l'**AVOIR** largement imposé par notre société,

à l'ÊTRE, bien relégué à l'arrière-plan de nos vies afin de parvenir à un meilleur équilibre entre les deux.
En effet, nous tentons trop souvent de combler nos failles et nos manques par de l'avoir... entreprise vaine et vouée à l'échec.

On peut avoir de multiples raisons de vouloir se simplifier la vie. Certaines sont purement pratiques, d'autres relèvent d'un besoin de changement en profondeur. Dans tous les cas, il est bon d'identifier ses motivations pour se rappeler, les jours de doute, pourquoi on se retrouve sur ce chemin-là.

Définissez vos propres motivations pour vous simplifier la vie. Cochez dans la liste suivante les propositions qui vous correspondent et ajoutez celles qui manquent :

- vous sentir moins stressé, plus reposé
- vous sentir moins dépendant de votre envie de consommer
- vivre de façon plus écologique
- vivre de façon plus éthique
- ....
- ....
- ....
- ....
- ....
- ....
- ....

Quelques questions pour commencer

Vous avez entrepris la lecture de ce petit cahier avec l'envie de vous rapprocher au maximum d'une vie plus simple. Commençons par définir ce qu'est pour vous la simplicité. Vous avez certainement en tête des modèles, des stéréotypes de vie simple qui vous ont été proposés par des films, des reportages, des récits… Il est important de les identifier pour pouvoir construire votre propre conception de la vie simple. Cela vous permettra en outre de faire la différence entre vos idéaux, parfois impossibles à atteindre et vos réels besoins.

Remplissez le tableau ci-après (selon l'exemple qui suit) en tentant d'analyser quels sont les schémas de vie simple que vous avez en tête. Essayez aussi d'identifier ce que vous ressentez par rapport à ces modèles de vie simple : dégoût, envie, peur, admiration, mépris…

Source : film, livre, récits de vie, etc.	Modèle de vie simple	Ressenti positif ou négatif
La Petite Maison dans la prairie	La famille autosuffisante dans les bois	Ce que j'aime c'est l'idée de vivre très simplement et de façon épanouie.
Robinson Crusoé	L'île déserte	Trop éloigné du monde pour moi !

Source : film, livre, récits de vie, etc.	Modèle de vie simple	Ressenti positif ou négatif

Quand vous pensez « vivre simplement » quelles sont les premières images qui vous viennent ? Pensez aussi bien à des choses matérielles qu'immatérielles.

- ne plus avoir de montre pour ne plus être pressé
- me débarrasser de l'appareil à raclette
- moins travailler
- ....
- ....
- ....

À présent que vos motivations sont un peu plus claires et que vous avez réfléchi aux modèles de vie simple qui vous plaisent ou vous déplaisent, essayez de classer vos priorités parmi les items que vous avez cochés plus haut. Inscrivez le numéro 1 devant l'aspect de votre vie que vous souhaitez changer en premier, puis le numéro 2 devant votre deuxième priorité et ainsi de suite.

Tous les chemins mènent à la simplicité heureuse

Puisque la simplicité heureuse est un chemin personnel où chacun définit des objectifs qui lui sont propres, on ne peut pas indiquer un point de départ ni même un point d'arrivée.

Cependant, on peut affirmer que tôt ou tard, la simplicité heureuse viendra interroger chacun d'entre nous sur des thèmes communs. En effet, chaque pas en entraînant un autre, vous arriverez plus ou moins rapidement à remettre en cause votre conception :

- de la consommation
- de l'écologie
- des rapports à la communauté
- du temps
- du travail
- ....
- ....
- ....
- ....
- ....
- ....
- ....
- ....
- ....

Sur la carte en première page, numérotez par ordre de priorité les étapes que vous devez franchir sur votre chemin idéal pour vivre la simplicité heureuse, puis tracez au crayon le chemin que vous allez emprunter.
À chaque étape correspond une page, vous pouvez donc vous y rendre pour réfléchir sur cet aspect de votre vie.
Bien sûr, comme dans n'importe quel voyage, vous découvrirez le long de votre chemin des chausse-trapes ou des barrières qui vous feront perdre du temps ou vous éloigneront de votre but, mais aussi des boîtes à outils qui vous permettront de pallier les difficultés. Et comme la vie réserve aussi des surprises, vous trouverez ici et là des cadeaux réconfortants !

ÉTAPE : Bien-être

L'alimentation

La simplicité heureuse est un chemin vers la conscience de notre impact sur l'environnement afin qu'il soit le moins violent possible. Nous faisons attention à ce que nous consommons de façon générale et à la façon dont nous nous alimentons en particulier. En effet, l'un de nos premiers postes budgétaires est celui de l'alimentation et ce que nous mangeons a un impact immédiat et non négligeable sur le bien-être de nombreux habitants de notre planète. C'est pourquoi la simplicité heureuse nous invite à manger des produits biologiques, bons pour nous et pour notre planète.

Changer ses habitudes

Changer ses habitudes, pas si simple, mais possible à condition d'y aller doucement. D'autant que les enjeux sont à la hauteur des « efforts » consentis, on vient de le voir.

De plus, en terme de santé, vous vous y retrouverez très rapidement ! En effet, vous sentirez un mieux-être à consommer moins de pesticides, de conservateurs, de colorants, de graisses hydrogénées, de sucres raffinés et autres substances non identifiées.

Quelques pistes pour commencer :

- manger plus de produits locaux
- augmenter les achats de produits frais
- acheter plus de produits non transformés
- préparer quelques repas végétariens par semaine
- manger des produits de saison
- ....
- ....
- ....

Que pourriez-vous changer dès cette semaine ?

- ....

Quel objectif voudriez-vous avoir atteint dans un mois ?

- ....

Dans un an ?

- ....

Et le prix dans tout ça ?

Notez ci-dessous la totalité de ce que vous dépensez pour l'alimentation chaque mois. La totalité, c'est-à-dire aussi les éventuelles barres chocolatées pour les enfants achetées lors d'une sortie où vous n'aviez pas prévu de goûter, les bonbons payés en liquide à la boulangerie ou au bureau de tabac, les sandwichs pris sur le pouce et les repas au restaurant. Tout. C'est indispensable avant de commencer à changer d'alimentation.

Chaque mois, je dépense .... euros pour ma nourriture.

Si vous décidez, du jour au lendemain, de manger bio sans rien changer à vos habitudes alimentaires, il est évident que votre budget va exploser.

Mais si, parallèlement, vous commencez à manger des produits de saison ou des légumineuses (moins chers) à diminuer votre consommation de viande (qui représente une part très importante du budget) et, surtout, si vous décidez d'apprendre ou de réapprendre à cuisiner, alors votre budget nourriture sera au pire identique, au mieux inférieur à celui d'avant.

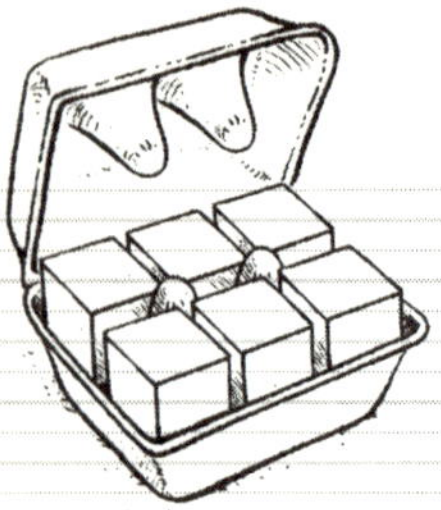

Qu'est-ce qu'un produit transformé ?

On appelle produit transformé ou plat préparé tout produit transformé par l'homme. Prenez conscience que vous pouvez fabriquer facilement et rapidement l'essentiel de votre nourriture et que tout produit préparé coûte beaucoup plus cher que la somme des produits bruts qui le composent. Quand on transforme soi-même la majorité des aliments que l'on consomme, on peut se permettre de les acheter d'excellente qualité.

Voici une liste de plats préparés ; cochez ceux que vous achetez et consommez régulièrement.

- ❐ pâte brisée, feuilletée, sablée...
- ❐ yaourts, crèmes dessert, riz au lait...
- ❐ glaces, sorbets...
- ❐ pain, brioches, viennoiseries...
- ❐ gâteaux, goûters des enfants, pâtisseries...
- ❐ soupes, poêlées de légumes, ratatouille...
- ❐ pizzas, quiches, tartes aux légumes, croque-monsieur...
- ❐ confitures, conserves de fruits, compotes...
- ❐ conserves de légumes...
- ❐ plats cuisinés (hachis Parmentier, moussaka, cassoulet, couscous, carottes râpées, salade sous vide, taboulé, piémontaise)...
- ❐ boissons : jus de fruits, bière, limonade, vin, cidre...

Boîte à outils : réapprendre à cuisiner

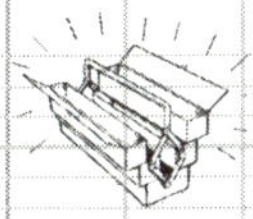

Il vous est possible de cuisiner la plupart de ce que vous mangez, encore faut-il se rendre compte que cela ne prend pas autant de temps que ce que l'on imagine et que ce n'est pas si compliqué.

Par exemple, faire huit yaourts vous prendra environ 2 minutes de préparation et vous demandera de mélanger 1 litre de lait à 1 yaourt de base. Point ! De même une délicieuse pâte à tarte se prépare en 5 minutes, montre en main ! Non seulement c'est rapide, moins cher, souvent meilleur, mais en plus cela rehausse notre estime et nous donne le sentiment d'être compétent. Une fois que l'on a commencé à cuisiner, on peut aller de plus en plus loin et expérimenter des choses improbables ou que l'on n'aurait pas soupçonné pouvoir faire : par exemple, fabriquer ses boissons, faire du beurre, du fromage...

Faites l'acquisition d'un bon ouvrage de cuisine familiale

qui vous donnera toutes les recettes de base ou prenez des cours de cuisine. Voici quelques livres qui peuvent vous apprendre ou vous réapprendre à cuisiner :

- Petit Larousse de la cuisine, 1800 recettes, Larousse, 2006
- Ma cuisine végétarienne pour tous les jours, Garance Leureux, La Plage, 2006 (recettes délicieuses, prêtes en moins de 15 ou 20 minutes)
- Gâteaux de mamie, Akiko Ida, Marabout, Collection Les recettes d'Amandine, 2002

Faire ses conserves et ses confitures peut sembler un travail harassant et ingrat, cependant, quelques jours de labeur seront largement récompensés par la tranquillité d'esprit le reste de l'année et le temps gagné à ne plus parcourir les rayons du supermarché.

Vous pouvez aussi comparer réellement les prix des produits bio ou non bio. Vous serez parfois surpris. Les pommes biologiques achetées au petit producteur du coin sont bien moins chères que les pommes chimiques du supermarché. Même chose pour le pain et pour un certain nombre de denrées de base... Encore faut-il savoir où les trouver.

C'est donc notre exercice suivant : rendez-vous à la fin du cahier et dans les pages « bonnes adresses » ; commencez à recenser tous les bons coins dont vous avez entendu parler… Pensez aux producteurs locaux chez lesquels vous pouvez cueillir, pour un coût dérisoire, vos fruits et légumes, que vous achèterez à la bonne saison en gros et que vous mettrez en conserve pour le reste de l'année. Cherchez aussi un moulin qui vous vendra la farine par sac de 5 à 25 kg, ce qui

est bien utile si l'on commence à préparer soi-même tous les pains, gâteaux, pâtes à tarte, nouilles, etc. Essayez d'acheter au maximum à la source si vous habitez à la campagne : à la ferme pour le lait et les œufs, par exemple. Sans oublier la famille ou les copains qui possèdent potager et arbres fruitiers produisant en surnombre... Parlez-en autour de vous afin de connaître les bons plans et les petites adresses utiles. Notez aussi les coopératives de produits biologiques, les marchés locaux, les jours, les horaires, cherchez s'il existe des SEL près de chez vous...

Inutile en effet de prétendre que vous allez faire des kilomètres pour vous alimenter : trop cher et trop contraignant. Il vous faut donc trouver à vous ravitailler localement.

Simplicité intérieure

« L'expression extérieure de la simplicité ne s'accompagne pas nécessairement d'une simplicité intérieure [...]. Des saints, des sages ont renoncé au monde ; mais il me semble qu'un tel renoncement, pratiqué par l'un quelconque de nous, ne résoudra pas le problème. La simplicité fondamentale, réelle, ne peut naître que de l'intérieur ; et de là se produit l'expression extérieure. »

Krishnamurti

(La Première et la dernière liberté,

Éditions Le livre de poche, Paris, 1996)

En vérité, lorsque nous nous engageons dans la simplicité heureuse, c'est souvent dans l'idée que notre vie sera plus belle, plus facile, en un mot, plus simple. Mais nous savons bien que ce que nous exprimons à l'extérieur n'est souvent qu'un reflet de ce qui se passe en nous. C'est pourquoi, il est important aussi d'atteindre une sorte de simplicité intérieure… l'une nourrissant l'autre et réciproquement. Simplifier sa façon de vivre ne peut qu'avoir des conséquences sur la façon dont on ressent les choses. De même, se libérer des sentiments négatifs qui nous encombrent peut permettre d'aller plus loin dans la simplicité matérielle.

Prenez quelques instants pour réfléchir à ce que signifie « simplicité intérieure » pour vous :

- cesser du culpabiliser parce que je déteste écrire des cartes de vœux
- ……………………………………………………
- ……………………………………………………
- ……………………………………………………

Quelles sont les actions, ou pratiques, que vous connaissez et que vous pourriez entreprendre ou mettre en place pour gagner en sérénité et en simplicité intérieure ?

- danse
- ……………………………………………………
- ……………………………………………………

Quelles sont les activités qui vous font du bien et qui vous donnent l'impression d'être juste « à votre place » ?

- jardiner
- ……………………………………………………
- ……………………………………………………

Quels sont les sentiments, émotions dont vous souhaiteriez vous débarrasser ?

- ....
- ....
- ....
- ....

Imaginez-vous les mettant dans un grand sac et les déposant à terre.

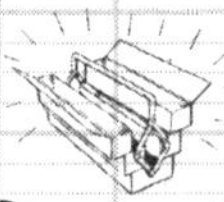

Boîte à outils : le désencombrement

De quoi êtes-vous encombré ?

Ce qui nous encombre aujourd'hui vient souvent de notre passé. Nous traînons des valises, tant morales que matérielles. Quels sont ces fardeaux qui vous compliquent la vie ?

Peut-être avez-vous gardé tous vos cours d'école : cela prend un placard entier alors que vous manquez d'espace pour ranger les vêtements.

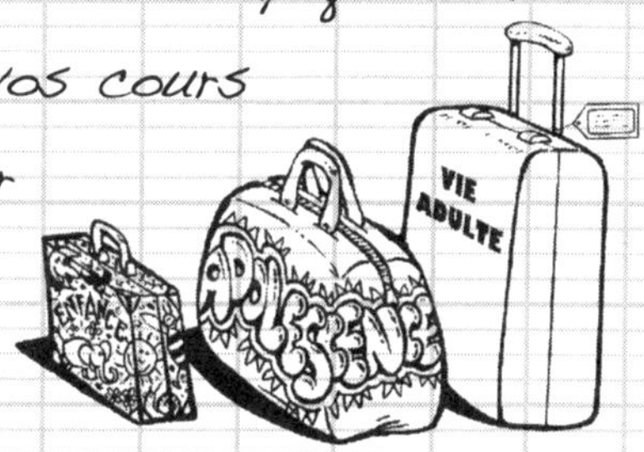

Peut-être n'avez-vous toujours pas digéré la remarque assassine de votre prof : « Tu n'y arriveras jamais », ce qui vous empêche de vous inscrire à la formation dont vous avez besoin pour changer de métier.

De quelles valises avez-vous héritées de votre enfance, de votre adolescence, et même de l'âge adulte... ?

Piège : difficulté à changer ses modes de pensée

La simplicité est un chemin chaque jour tout neuf, emprunté par peu de gens et non une autoroute goudronnée. Il est plus difficile, mais ô combien plus gratifiant, d'y circuler. L'une des difficultés majeures est probablement de rompre avec toute l'idéologie dans laquelle nous baignons. Aujourd'hui, notre modèle occidental de surabondance, surconsommation et surproduction est devenu le modèle de référence vers lequel tendent tous les pays du monde, balayant des millénaires de culture et de tradition. Il est tellement prégnant qu'on n'envisage même plus, à l'heure actuelle, d'autres façons de penser le monde.

Pourtant, se forger des outils pour réfléchir, s'interroger sans toujours consulter des autorités soi-disant compétentes est la meilleure façon de reprendre du pouvoir sur sa vie. Quelle que soit la méthode envisagée, soyez prêt à vous laisser bousculer et à réexaminer chacun des dogmes qu'on nous présente comme des vérités incontournables.

Faites la liste de toutes les idéologies que vous entendez depuis l'enfance et dans lesquels vous ne vous retrouvez pas.

- il faut manger de la viande
- ....
- ....

Revenez sur chacun des items que vous avez listés, prenez le temps d'une réflexion personnelle et profonde pour mettre en lumière votre propre pensée sur ce sujet.

N'oubliez jamais qui prône telle ou telle idéologie. Par exemple, qui a intérêt à vous dire : « Il faut manger des produits laitiers » et depuis quand l'entend-on ? (depuis la fin de la seconde guerre mondiale et les pics de production générant des stocks massifs à écouler...).

Voici un exemple de mode de pensée dominant le besoin de réussite

Ah, réussir sa vie, quel bel objectif, en effet ! Mais au fond, que cela signifie-t-il pour vous ? Comment vous y prenez-vous pour atteindre votre objectif ?

Il est important de se poser ces questions pour prendre conscience de sa propre définition de la réussite. Une fois encore, nous sommes emprunts de schémas qui ne nous appartiennent pas.

Que signifiait réussir dans votre famille ?

....

Quelles sont les personnes qu'on vous a présentées comme modèles de réussite dans votre enfance ? (Pensez à vos parents, mais aussi aux autres membres de votre famille, à vos professeurs, à vos amis, à vos voisins, à des personnes célèbres, voire à des personnages fictifs.)

....

Avez-vous travaillé à l'école pour plaire à un tel ou une telle ?

....

Avez-vous choisi le métier qui est le vôtre pour répondre à des attentes extérieures ? Lesquelles ? Celles de qui ?

....

À votre avis, vos parents pensent-ils avoir réussi leur vie ? Pourquoi ?

....

Êtes-vous d'accord ? Pourquoi ?

....

« Rire souvent et beaucoup ; gagner le respect des gens intelligents et l'affection des enfants ; savoir qu'un être a respiré plus aisément parce que vous avez vécu. C'est cela réussir sa vie. »

Ralph Waldo Emerson

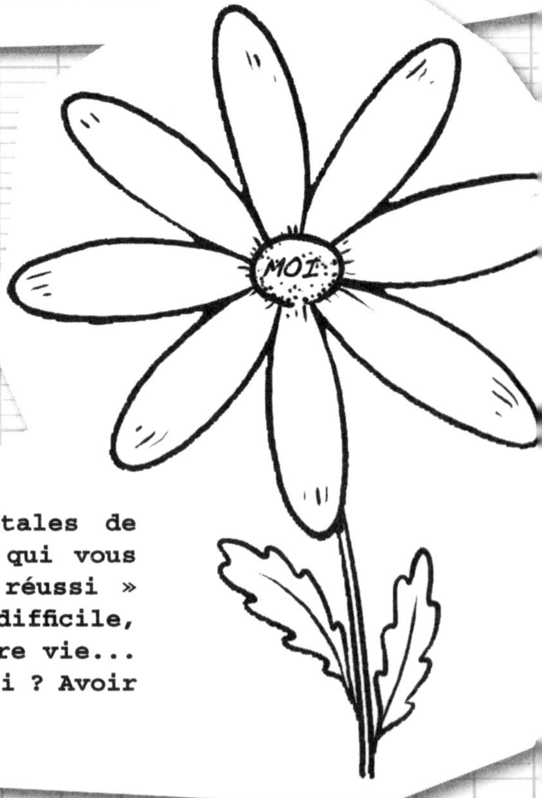

Écrivez dans chacun des pétales de cette marguerite un élément qui vous permettrait de dire « j'ai réussi » ma vie. Si cela est trop difficile, imaginez-vous à la fin de votre vie... Que voulez-vous avoir accompli ? Avoir vécu ? Avoir obtenu ?

ÉTAPE : Communauté

Le voisinage

Les partisans de la simplicité heureuse considèrent que le tissu relationnel et humain est indispensable à la vie. Nous sommes interdépendants et plus forts lorsque nous sommes unis. Ensemble, on peut « faire plus avec moins », réinventer, réfléchir, s'entraider...
Il s'agit, dans ces pages, de réfléchir aux liens que nous entretenons avec notre communauté, c'est-à-dire avec nos proches, notre quartier, notre village, nos amis...
Le besoin de se sentir utile fait partie des besoins importants de l'être humain. La famille et la communauté sont les lieux d'expression idéaux pour cela. Pourtant, ce besoin passe souvent au second plan tant nous avons de mal à satisfaire nos besoins les plus élémentaires. Parfois, nous avons juste assez d'énergie pour nous consacrer à nous-même ou à nos enfants. Simplifier sa vie, mettre de l'ordre dans ses pensées, dégager du temps, permet, à moyen ou à long terme, de se rendre disponible pour autrui. Se rendre utile à sa communauté peut prendre des formes très variées. Participer à des activités de divertissement,

écouter ses voisins, discuter, créer des liens entre les gens sont des activités aussi importantes que récolter de l'argent pour l'école de vos enfants, par exemple. Prenez conscience du rôle que vous jouez.

Quelle part de votre temps consacrez-vous aujourd'hui à votre communauté : voisins, village, quartier… ?

....

Comment pensez-vous que vous pourriez vous rendre utile à votre communauté ? Que pouvez-vous offrir, échanger ?

....

Identifiez vos freins :

- manque de temps ?
- peur de se faire envahir ?
- ....
- ....

Faire vivre sa communauté peut aussi passer par des actes tout simples : consommer localement, par exemple. Certains ont tenté et réussi le pari de ne plus rien acheter qui vienne d'un rayon supérieur à 200 km de chez eux… Sans vouloir forcément suivre cet exemple, relocaliser au maximum vos achats vous fera prendre conscience des richesses qui sont à portée de vous et renforcera votre sentiment d'appartenance à un quartier, un village, une ville.

Les amis

Lorsqu'ils envisagent la simplicité heureuse, certains prônent un tri sévère dans leur carnet d'adresses et conséquemment une réduction du temps passé à entretenir ces relations qui ne sont pas forcément satisfaisantes ou épanouissantes.

Peut-être connaissez-vous cette expression qui, malheureusement, caractérise certaines de nos « amitiés » : « Avec un ami comme toi, pas besoin d'ennemi ».

Vous pourrez identifier deux catégories de personnes qui vous porteront préjudice.

Dans la première catégorie, on trouve celles qui, de manière générale, sont toxiques. Celles-ci peuvent éroder l'estime que vous avez pour vous-même à coup de remarques assassines. Elles vous côtoient en règle générale pour leur seul bénéfice. Ces « vampires » affectifs sont à éviter à tout prix. Voici comment les repérer :

- Qui vous pompe votre énergie ?
- Qui critique toutes vos actions ?
- Qui prétend vous écouter sans vous laisser en placer une ?
- Qui feriez-vous bien de fuir au maximum ?

On sait souvent, plus ou moins, si les gens que l'on côtoie nous font ou non du bien. Le plus dur est parfois d'accepter ce que dit la petite voix qu'on n'a pas envie d'entendre. Parfois ce sont des gens que l'on ne peut pas facilement éviter (nos parents, amis de longue date, collègues...) et là, les choses se compliquent singulièrement car la loyauté semble nous obliger à continuer à les fréquenter.

Dans la seconde catégorie, vous trouverez les personnes qui n'accepteront pas votre désir de changement et tenteront de vous en empêcher ou de vous freiner dans votre évolution parce que cela les met elles-mêmes en danger de devoir s'interroger sur leur vie. Vous les repérerez au fur et à mesure. Prêtez attention aux petites remarques qui discréditent vos efforts, à ceux qui vous assurent qu'on est coincé dans la vie et qu'on n'y peut rien changer, à ceux qui critiquent tout changement sans vous interroger sur vos propres sentiments... Certains supporteront difficilement de vous voir aller mieux, d'être moins dépendant d'eux donc moins à leur merci ! Pensez-vous à quelqu'un en lisant cette description ?

Cadeau soutien

Faites la liste des personnes ressources autour de vous, des gens vers qui vous pouvez vous tourner pour du réconfort, des encouragements, de l'aide...

– ....

– ....

– ....

– ....

« La vraie liberté c'est de pouvoir refuser une invitation à dîner sans se justifier. »

Jules Renard

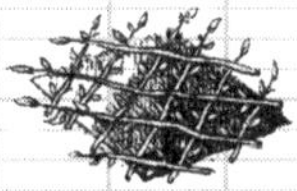

Piège : la culpabilité

S'engager sur certains des chemins de la simplicité heureuse peut être parfois culpabilisant. Mais... Désencombrer quand certains manquent de tout... peut vous permettre de donner à ceux qui n'ont rien. Choisir de travailler moins alors que de par le monde, nombreux sont ceux qui sont au chômage... peut permettre de libérer ou créer d'autres emplois.

Notez ci-dessous ce qui pourrait vous faire culpabiliser et notez en face l'impact positif de vos actions pour la communauté ou la planète.

....

....

....

....

Finalement, la simplicité heureuse nous amène vers plus de partage, plus de respect de la vie et des autres, ne l'oubliez pas !

La famille

D'abord, nous pouvons faire un point sur notre vie actuelle. Comment définiriez-vous les relations que vous entretenez avec votre famille ? Proches, affectueuses, distantes, tendues ?

Si vous parveniez à mener une vie plus « simple » pensez-vous que vos relations avec votre entourage changeraient ? Si vous aviez plus de temps, en consacreriez-vous plus, ou moins à votre famille ? À vos loisirs ?

Souvent, les contraintes de temps, les emplois du temps surchargés nous empêchent de profiter de nos proches. Pour les parents, par exemple, les veilles d'école représentent une course pour réussir à tout faire entre 18 heures et 20 heures... Comment pouvons-nous alléger notre rapport au temps dans nos relations ?

C'est ce même manque de temps qui nous empêche de rappeler notre cousine ou de raconter une histoire aux petits...

Halte : les meilleurs moments de vos vies

Citez les trois meilleurs moments partagés dans votre vie avec vos proches, rapidement, sans réfléchir :

- ....
- ....
- ....

Maintenant, pour chacun d'entre eux, calculez combien vous avez dépensé pour que ce moment magique ait lieu :

- ....
- ....
- ....

On a beau le savoir, on oublie souvent que c'est rarement grâce à du matériel, à des objets ou de l'argent que l'on vit de merveilleux moments, mais juste à du temps consacré aux autres ou à soi-même.
La façon dont vous vivez actuellement peut-elle autoriser le surgissement de ces moments magiques qui embellissent nos vies ? Vous laisse-t-elle le loisir de profiter de vos proches ?

....

Si ce n'est pas le cas, que pourriez-vous faire pour rendre cela plus facile ?

....

Que pourriez-vous mettre en place pour passer un moment agréable avec eux dans la semaine qui vient ?

....

Comment pourriez-vous faire pour que cela se reproduise ?

....

ÉTAPE : Consommation

La consommation et le manque

La simplicité heureuse nous invite à réfléchir sur notre attitude de consommateur pour comprendre comment, par l'AVOIR, nous croyons ÊTRE.

Comprendre pourquoi et comment vous consommez vous aidera à relativiser vos désirs de perfection, vous permettra de vous tourner vers des valeurs plus sûres, plus saines et plus pérennes que celles d'une société qui dévore de façon irraisonnée et insatiable.

L'homme est un animal grégaire qui respecte les codes de son groupe. C'est pourquoi il consomme pour avoir l'air ou pour répondre à des codes sociaux. Habillé comme ses pairs, il achète la même gamme de voiture, pratique le même genre de loisirs... C'est un comportement normal. Cependant, il se peut que vous n'apparteniez pas au groupe dans lequel vous seriez le plus à l'aise, ou bien que vous suiviez aveuglément tous les codes de votre groupe sans en remettre un seul en question... Dans ce cas, peut-être allez-vous consommer simplement pour appartenir au groupe et non par conviction personnelle.

Cela vous est-il déjà arrivé ? À quelle occasion ?

- ....
- ....
- ....

Parfois aussi, nous achetons parce que nous sommes tristes, en colère... Quels sont les derniers achats que vous avez effectués sous le coup de l'impulsion ?

- ....
- ....
- ....

Que ressentiez-vous juste avant ?

- ....
- ....
- ....

Pendant ?

- ....
- ....
- ....

Après ?

- ....
- ....
- ....

Remettez-vous dans la situation, juste avant l'achat. Trouvez une autre idée pour vous faire du bien ou régler le problème que vous avez tenté d'occulter.

- ....
- ....
- ....

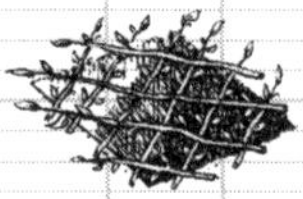

Piège : la peur de manquer

Si vous réduisez votre temps de travail, votre salaire ou votre consommation, vous craignez peut-être de manquer de quelque chose.

De quoi avez-vous peur de manquer ?

- ne plus aller au restaurant aussi souvent.
- ....
- ....

Mais que gagnerez-vous en échange ?

- plus de sérénité
- ....
- ....

La façon de regarder le verre change tout à notre façon de percevoir le monde.

La juste mesure

Bien souvent, nous consommons beaucoup parce que nous confondons les notions de besoins et de désirs. D'autre part, nous sommes habitués à exiger toujours plus de la technologie, de notre conjoint, de la société, de notre patron, de nos salariés, de nos enfants. De fait, il nous est difficile de savoir nous satisfaire de l'essentiel. Or, il est important de calculer ce qui correspond à notre « assez », cela nous permet d'éviter un bon nombre d'achats inutiles et ruineux ! Et d'ailleurs, qu'elle est, selon vous, la différence entre un besoin et un désir ?

Listez ci-dessous vos besoins réels : (non, ce dernier lecteur DVD n'est pas un besoin réel !)

- dormir
- manger
- ....
- ....
- ....
- ....

Pouvez-vous les satisfaire ?

....

Maintenant, faites la liste de tous vos désirs, souhaits, rêves (là, vous pouvez inscrire le lecteur DVD !) (prenez une autre feuille si besoin !). Pensez-vous pouvoir les satisfaire ?

....

....

....

La publicité

Prenez conscience de la façon dont vos désirs sont manipulés, par la publicité principalement. Faites ce petit jeu : notez, rapidement sur une liste, toutes les choses qu'il vous faudrait acheter dans les quinze jours qui viennent. Puis ouvrez un catalogue de publicité d'une enseigne de supermarché (empruntez-en un à un voisin si vous ne les recevez pas). Feuilletez-le en notant les choses qui vous font envie (et que vous achèterez probablement lorsque vous serez sur place !). Comparez.

Alors ? Insensible à la publicité ? Et là, ce n'est rien, vous étiez vigilants... Pensez à tout ce que vous ingurgitez passivement tous les jours, sans même vous en rendre compte. Que pourriez-vous faire pour vous soustraire un peu plus à cette publicité envahissante ?

Si rien ne vous vient, si vous n'imaginez pas pouvoir éteindre votre télé, fermer les yeux quand vous voyez des panneaux publicitaires, tourner les pages des magazines sans jeter un oeil à la pub et couper le son de la radio chaque fois que vous entendez les premières notes d'un jingle entêtant, alors il ne vous reste qu'à en comprendre au mieux tous les mécanismes afin de pouvoir y résister. Nous vous conseillons la lecture fort roborative et instructive du Petit Traité de démanipulation publicitaire d'Yves-Alexandre Thalmann, 2011 (Éditions Jouvence).

Notre société crée des désirs (qu'elle appelle besoins) au lieu de les satisfaire : nous avons vu que la difficulté consiste à les différencier. Y.-A. Thalmann propose l'outil de réflexion suivant : « Un besoin est vital, impératif, alors qu'une envie est superficielle, plutôt luxe que nécessité. » De même : « Un besoin s'ouvre sur une multitude de possibilités pour être comblé, alors qu'une envie se limite

à quelques éléments tout au plus. On dira que le besoin est de nature générique, alors que l'envie est spécifique. »

Réfléchissez à la façon dont la publicité modifie votre rapport au monde et aux objets, et restez toujours vigilant quand vous vous mettez à avoir absolument envie d'un TRUC !

Cadeau : petite pensée réconfortante

Vous n'êtes pas si dépendant que vous le croyez, ou que l'on veut vous le faire croire, de cette société de consommation et de tous ces biens merveilleux qu'on trouve dans les magasins. Vous pouvez apprendre à « faire sans ». Pour autant, inutile de vous priver ! Apprenez juste à faire autrement.

Si vous pouvez l'acheter, c'est que quelqu'un a pu le produire ! Souvent la fabrication maison est possible. Pensez-y la prochaine fois que vous devez acheter un cadeau pour un être cher, une lampe, un objet de décoration ou un plat préparé. Double bénéfice, vous gagnerez de l'argent et reprendrez confiance en vos capacités à vous en sortir seul !

Halte : et le troc ?

Le nombre de services ou d'objets qu'il est possible d'échanger n'est limité que par notre imagination. Pourquoi pas un massage contre un plat préparé ? Pourquoi pas une vidange contre une heure ou deux de jardinage ? Un pot de confiture de framboises cueillies avec amour contre de l'aide pour remplir des papiers ? Bien sûr, avec des amis, on n'a pas forcément envie, ni surtout besoin, de compter pour savoir si les comptes sont justes... mais peut-être des gens de votre entourage seront-ils prêts à vivre d'autres façons d'échanger...

Pourquoi s'embêter à échanger quand on peut payer ?

- parce qu'on se libère de l'idée que sans argent on n'est rien
- parce qu'on fait fonctionner les réseaux de solidarité
- parce qu'on gagne en créativité
- parce qu'on se fait des amis
- et bien sûr, parce qu'on fait des économies

À présent, à vous ! Trouvez vos bonnes raisons d'échanger :

....
....
....

Faites une liste de personnes à qui vous pourriez le proposer et notez ce que vous pourriez échanger avec elles.

....
....
....

Boîte à outil : les vrais besoins derrières nos envies

Plutôt que de dépenser votre argent pour oublier vos soucis ou prétendre les soigner, cherchez leur cause réelle. Vous vous rendrez vite compte de l'inutilité de l'argent dans de nombreux cas. Par exemple : vous souffrez de maux de tête. Achèterez-vous une aspirine ou vous accorderez-vous une sieste parce que vous êtes, en fait, fatigué ? Vous avez un coup de blues. Vous offrez-vous des vacances au soleil ou remettez-vous en question votre quotidien (travail, couple, famille...) ?

L'argent permet d'éviter momentanément de se poser des questions. Mais malheureusement, ou heureusement, les questions essentielles ne peuvent être éternellement évitées. En essayant d'y répondre, vous gagnerez en qualité de vie et réaliserez des économies tout en protégeant la planète d'une accumulation d'objets inutiles.

Vivre plus simplement au quotidien

La simplicité heureuse peut vous aider à vivre les choses plus simplement. Avant d'acheter quelque chose, pas la peine de vous demander si vous en avez besoin. Il y a fort à parier que la réponse sera « oui » parce que vous êtes habitué à justifier vos achats par les arguments publicitaires.
Demandez-vous plutôt si vous ne pourriez pas remplacer cet objet par quelque chose de plus simple, que vous possédez déjà et dont l'impact sur la planète serait bien moindre.
Par exemple, si vous souhaitez acheter un four à micro-ondes, demandez-vous si une simple casserole munie d'un couvercle n'est pas aussi utile, pratique et efficace. Cela chauffe moins vite ? Le micro-ondes réchauffe rapidement c'est vrai, mais les aliments se refroidissent ensuite plus vite, contrairement à ceux chauffés à la casserole, de sorte que, bien souvent, on est obligé de remettre son assiette ou son bol encore quelques minutes : où est le gain réel ?

Faites l'inventaire de tous les objets électriques ou électroniques en votre possession. Pensez aussi au GPS, à l'autoradio ou au DVD portable dans la voiture.

- ❒ ....
- ❒ ....
- ❒ ....
- ❒ ....
- ❒ ....

Observez déjà le nombre ! Qu'est-ce que cela vous inspire ?

....

Cochez ceux dont vous pourriez vous passer. Pour les autres, demandez-vous comment vous pourriez, en fait, les remplacer par des choses plus simples et moins polluantes (exemple du micro-ondes et de la casserole).

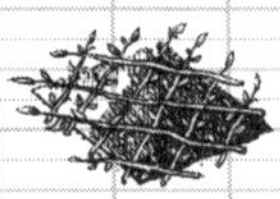

Piège : quelques phrases assassines...

Des idées et de la place pour réfléchir aux vôtres.

⇨ C'est un truc de bobo...
La simplicité heureuse n'est pas une mode, c'est une révolution intérieure...

– ....

Si tout le monde faisait comme toi...

⇨ Alors le monde se porterait mieux.

– ....

Pas besoin de se priver de tout, les progrès techniques nous sauveront…

⇨ C'est certain... Les OGM ne sont pas en train d'affamer les paysans d'Inde et d'ailleurs, plus de voitures propres seront moins polluantes...

– ....

Tu veux retourner à l'âge de pierre ?

⇨ **Penser que l'on peut continuer à vivre de la même façon sans changer est un raisonnement qui date de l'âge de pierre ! Par contre, la simplicité heureuse, elle, est intemporelle et on peut profiter de certaines des ressources de notre société sans tomber dans tous ses pièges.**

– ....

– ....

Veux-tu que l'on vive tous dans la misère ?

⇨ **Majid Rahnema nous rappelle, en s'appuyant sur saint Thomas, que « la pauvreté représente le manque du superflu, alors que la misère signifie le manque du nécessaire ». Avons-nous besoin de tout ce superflu ?**

– ....

ÉTAPE : Temps

Comment gérez-vous votre temps ?

Petite histoire : La théorie des gros cailloux

Un jour, un formateur fut engagé pour donner un cours sur la « gestion efficace de son temps » à un groupe de dirigeants de grosses entreprises. Il ne disposait que d'une heure pour le faire.

Debout devant ce groupe d'élites, le professeur les regarda un par un, lentement, puis leur dit : « Nous allons réaliser une expérience ».

Il prit un grand seau en verre qu'il posa délicatement en face de lui. Ensuite, il sortit environ une douzaine de cailloux à peu près gros comme des balles de tennis et les plaça délicatement, un par un, dans le grand pot. Lorsque celui-ci fut rempli jusqu'au bord et qu'il fut impossible d'y ajouter un caillou de plus, il leva lentement les yeux vers ses stagiaires et leur demanda : « Est-ce que ce pot est plein ? » Tous répondirent : « Oui ». « Vraiment ? » Alors, il se pencha de nouveau et sortit de sous la table un récipient rempli de gravier. Avec minutie, il versa ce gravier sur les gros cailloux puis brassa légèrement le tout. Les morceaux de gravier s'infiltrèrent entre les cailloux... jusqu'au fond du pot.

Le formateur leva à nouveau les yeux vers son auditoire et redemanda : « Est-ce que ce pot est plein ? » Cette fois, ses brillants stagiaires commençaient à comprendre son manège. L'un d'eux répondit : « Probablement pas ! »

« Bien ! », répondit le formateur. Il se pencha de nouveau et, cette fois, sortit de sous la table un sac de sable. Avec attention, il versa le sable dans le pot. Le sable alla remplir les espaces entre les gros cailloux et le gravier. Encore une fois, il demanda : « Est-ce que ce pot est plein ? » Cette fois, sans hésiter et en chœur, les chefs d'entreprise répondirent « Non ! »

« Bien ! » Et il prit le pichet d'eau qui était sur la table et remplit le pot jusqu'à ras bord. Le professeur leva alors les yeux vers son groupe et demanda : « Quelle grande vérité nous démontre cette expérience ? »

Le plus audacieux des stagiaires, songeant au sujet de ce cours, répondit : « Cela démontre que même lorsque l'on croit que notre agenda est complètement rempli, si on le veut vraiment, on peut y ajouter plus de rendez-vous, plus de choses à faire. »

« Non, répondit le professeur, ce n'est pas cela. La grande vérité que nous démontre cette expérience est la suivante : si on ne met pas les gros cailloux en premier dans le pot, on ne pourra jamais les faire entrer tous, ensuite. »

Il y eut un profond silcnce, chacun prenant conscience de l'évidence de ces propos.

Le formateur leur dit alors : « Quels sont les gros cailloux dans votre vie ? » « Votre santé ? » « Votre famille ? » « Vos ami(e)s ? » « Réaliser vos rêves ? » « Faire ce que vous aimez ? » « Apprendre ? » « Défendre une cause ? » « Vous relaxer ? » « Prendre le temps... ? » « Ou... toute autre chose ? »

D'un geste amical de la main, le formateur salua son auditoire et lentement quitta la salle.

Vos priorités

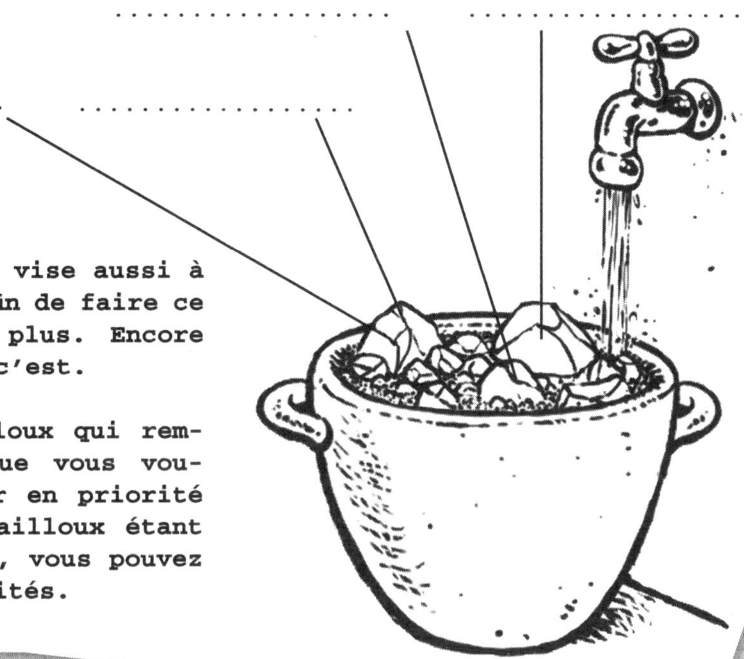

La simplicité heureuse vise aussi à nous donner du temps afin de faire ce qui nous épanouit le plus. Encore faut-il savoir ce que c'est.

Écrivez dans les cailloux qui remplissent ce pot ce que vous voulez vivre ou accomplir en priorité dans votre vie. Les cailloux étant de tailles différentes, vous pouvez hiérarchiser vos priorités.

Dégager du temps

Voyons comment vous pouvez dégager du temps pour le consacrer à vos gros cailloux. Décrivez brièvement votre semaine type dans le tableau de la page suivante.

Comptez le temps passé devant la télé, l'ordinateur, ou au téléphone. Comptez les temps de trajets, le ménage, la toilette…

Se regarder en face, changer ses habitudes est parfois difficile, vous pourrez donc rencontrer de grandes résistances en faisant ces exercices.

Votre emploi du temps

	Lundi	Mardi	Mercredi	Jeudi	Vendredi	Samedi	Dimanche
6:00							
7:00							
8:00							
9:00							
10:00							
11:00							
12:00							
13:00							
14:00							
15:00							
16:00							
17:00							
18:00							
19:00							
20:00							
21:00							
22:00							
23:00							
0:00							

À présent que vous avez sous les yeux votre véritable emploi du temps, demandez-vous si vos gros cailloux figurent en bonne place. Sinon, que pourriez-vous changer dans votre vie, petit à petit, pour vous rapprocher de votre emploi du temps idéal ? Soyez modeste, réaliste mais aussi confiant : prenez la décision, par exemple, de passer chaque jour un quart d'heure à jouer avec vos enfants. Ou de consacrer au moins deux heures par semaine à la peinture. Ou de vous coucher un peu plus tôt. Vous savez ce qui est bon pour vous.

En tout cas, le décider vaguement, ne suffit pas. Il faut maintenant, dans votre emploi du temps, avec de jolies couleurs, réserver une plage horaire précise pour cette activité. Sinon, tous ces beaux souhaits resteront lettre morte. Alors que voudriez-vous changer dans votre emploi du temps ?

- ....
- ....
- ....
- ....

Évaluez les pressions que vous vous mettez par rapport à votre emploi du temps, et demandez-vous combien de fois par jour vous vous reprochez de ne pas en faire assez ou de ne pas aller assez vite. Cette pression que vous vous imposez vous aide-t-elle ou vous dessert-elle en vous *stressant ? Peut-être vous aide-t-elle à certains moments (quand il faut boucler le dossier X) et vous dessert-elle à d'autres (quand il faut finir vite la promenade !) ? Est-ce si important de faire tout, parfaitement, tout de suite ?*

Notez ci-dessous les choses qui ne peuvent pas attendre et qui demandent à être gérées en temps et en heure. (Les items ci-dessous ne sont que des exemples, barrez-les s'ils ne correspondent pas à vos priorités.)

- la préparation du repas pour les enfants
- les factures à payer
- ....
- ....

Ralentir

Prenez conscience du nombre de fois où, dans la journée, vous prononcez les expressions suivantes : « Dépêche-toi ! », « Allez, allez ! », « Plus vite ! »...

Notez ci-dessous les moments de votre vie où le fait de vous presser vous a été préjudiciable.

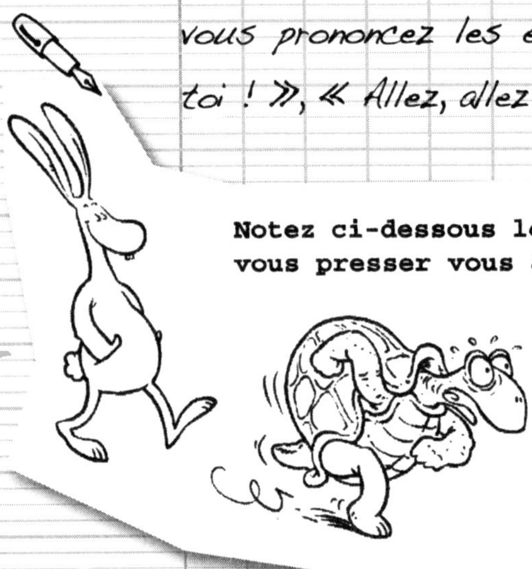

....

....

....

Est-ce finalement vraiment si important d'aller vite ? Si l'on est déjà en retard, nous dépêcher ne nous fera pas arriver à l'heure. Dans une société qui nous pousse à toujours aller plus vite, chaque activité peut être perçue comme une perte de temps. C'est pourquoi il faut manger vite, conduire vite, travailler vite... on finit par ne plus savoir pourquoi on se dépêche sans cesse. Comment pouvez-vous supprimer ou relocaliser certaines de vos activités de loisir ou de travail, afin de ne plus devoir aller vite et loin ?

....

....

....

....

Croyances sur le temps

Comme pour le reste, nous avons hérité de croyances et d'a priori sur le temps qui façonnent notre pensée et notre comportement. Pour découvrir les vôtres, choisissez dans la liste des dictons et proverbes ci-dessous ceux auxquels vous adhérez, et prenez le temps de méditer sur chacun d'eux pour en vérifier le principe.

« Le temps, c'est de l'argent. »

« L'avenir appartient à ceux qui se lèvent tôt. »

« Chaque chose en son temps. »

« À chaque jour suffit sa peine. »

« Il faut laisser du temps au temps. »

« Le temps presse. »

Ouvrez l'oreille, pendant les prochains jours et attrapez toutes les références au temps et à l'utilisation du temps que vous entendez... Nous sommes imprégnés aussi de cela (par exemple : « Meunier, tu dors, ton moulin va trop vite ! » Et c'est ainsi que tout petit, nous intégrons l'idée que, meunier ou pas, nous avons autre chose à faire que de nous reposer, même si nous sommes fatigué, nous avons notre moulin à surveiller...)
Notez ci-dessous les expressions sur le temps que vous avez entendues.

- ....
- ....
- ....

Cherchez à évaluer comment cela influence, en bien ou en mal, votre perception du temps et de votre vie…

ÉTAPE : Travail

Le travail, une dimension identitaire et sociale

Lorsque nous rencontrons une personne pour la première fois, nous mettons en place des stratégies afin de cerner plus facilement à qui nous nous adressons. Parmi les questions qui nous aident à « situer » l'autre, très rapidement vient celle du travail. Le travail nous définit tellement qu'à la question « Que faites-vous ? » nous répondons le plus souvent non pas « Je fais… des maquettes, de la plomberie, j'enseigne, etc. » mais « Je suis… architecte, plombier, professeur, etc. »

Dans notre société, le travail rémunéré est d'une telle évidence et perçu comme une telle obligation que personne n'interroge plus ses propres besoins ni sa propre satisfaction par rapport à lui. Attention, il ne s'agit pas là de se demander uniquement si notre emploi nous convient, mais bien de remettre en question la notion générale d'activité rémunérée.

Comment vous situez-vous par rapport au travail ?

Voici quelques définitions et quelques lieux communs qui vous paraîtront peut-être simplistes ou caricaturales mais qui méritent pourtant qu'on s'y attarde car elles reflètent la pensée collective qui peut nous influencer.

En effet, combien de personnes n'osent pas faire le travail de leurs rêves parce qu'il n'est pas assez sérieux, ou parce que, si elles s'amusaient trop, elles n'auraient pas l'impression de mériter leur salaire ?

Écrivez sous chaque phrase ce que vous ressentez par rapport à elle. Notez d'abord votre première impression, puis prenez le temps d'y réfléchir et notez alors votre sentiment profond.

« État d'une personne qui souffre, qui est tourmentée, activité pénible. »

. . . .

« Ensemble des activités humaines coordonnées en vue de produire quelque chose. »

. . . .

« Activité laborieuse professionnelle et rétribuée. »

. . . .

« Les femmes / hommes au foyer ne travaillent pas. »

. . . .

« Le travail c'est la santé. »

. . . .

« L'avenir appartient à ceux qui se lèvent tôt. »

. . . .

« L'important c'est d'avoir du travail. »

. . . .

« Ceux qui ne travaillent pas profitent du travail des autres. »

. . . .

« Si vous avez un travail où il n'y a pas de complication, il n'y a pas de travail. » (Forbes)

. . . .

« La peur de l'ennui est la seule excuse du travail. » (Jules Renard)

. . . .

. . . .

À présent, écrivez votre propre définition du travail.

« Pour moi, le travail c'est

. . . .

. . . .

. . . .

. . . .

. . . .

. . . .

. . . .

. . . .

. . . .»

Maintenant que vous avez fait le tri dans vos croyances, analysez la réalité de votre quotidien par rapport au travail pour dégager ce qui vous convient et ce que vous aimeriez changer.

Combien de temps consacrez-vous au travail ?

La simplicité heureuse propose de remettre chaque aspect de votre vie à sa juste place, de viser à l'équilibre, sans qu'aucun n'en sacrifie un autre. Dans ce sens, elle nous invite à moins travailler pour pouvoir être plus présent à nous-même et aux autres.

En effet, le travail occupe une part tellement importante de la vie qu'il en occulte parfois toutes les autres, y compris celles dont on affirme qu'elles sont les plus importantes : la famille, le couple, une passion, du temps pour soi...

Nous ne sommes pas ici en train de juger la valeur « travail » ni de vous inviter à la paresse ou à l'inactivité. Il nous semble par contre vital d'apprendre à faire le bon dosage entre travail et vie personnelle.

Réfléchissez déjà à la place qu'occupe votre travail dans votre vie en évaluant comment vous répartissez votre temps dans une semaine.
Indiquez le nombre d'heures que vous consacrez à vos différentes activités. Ne cherchez pas à tricher, par exemple en indiquant vos horaires théoriques de bureau. Notez au contraire les horaires réels (même ce café rituel que vous prenez en fin de journée avec des collègues !).
Alors, combien de temps consacrez-vous par semaine à votre activité professionnelle ?

....

Est-ce que quelqu'un ou quelque chose pâtit de cette proportion ?

. . . .

Pourriez-vous envisager de moins travailler ?

. . . .

Quels seraient vos bénéfices ?

. . . .

. . . .

. . . .

Quelles résistances rencontrez-vous à cette idée ? Écrivez dans les portes ci-dessous les blocages qui se posent sur le chemin vers votre but, puis indiquez dans les clés les solutions concrètes qui vous permettraient de dépasser ces contraintes. Faites cet exercice sans trop vous poser de questions, laissez votre inconscient parler.

Exemple :

Porte : j'aurais moins d'argent

Clé : je réduis mes dépenses

Prenez le temps de méditer sur chacune des solutions que vous avez écrites dans les clés. Certaines vous paraîtront irréalisables ou difficiles à mettre en œuvre actuellement. Mais ce sont pourtant les clés de votre bien-être. Vous prendrez le temps de les collecter et de vous en servir pour ouvrir les portes.

Ne craignez pas d'être lent, craignez juste d'être à l'arrêt.

Proverbe chinois

L'épanouissement personnel au travail

Pour vous sentir totalement épanoui, il est important que votre travail (rémunéré ou non) vous apporte satisfaction.

Comment vous situez-vous par rapport à votre travail ?
Notez de 1 à 10 les items ci-dessous.

- Satisfaction par rapport au temps passé au travail ....
- Satisfaction par rapport à l'intérêt du travail ....
- Satisfaction par rapport à vos relations dans le cadre du travail ....
- Satisfaction par rapport à votre salaire ....
- Satisfaction par rapport à vos horaires ....
- Satisfaction par rapport à vos congés ....
- Satisfaction par rapport à la reconnaissance... de la part de vos supérieurs ....
- Satisfaction par rapport à la reconnaissance de la société ....

Quelles sont les contraintes les plus douloureuses de votre travail ?

- course perpétuelle contre la montre
- chef souvent de mauvaise humeur
- temps de transport trop long
- ....
- ....
- ....
- ....
- ....

Quels sont ses points forts ?

- travail passionnant et enrichissant
- collègues sympathiques
- ....
- ....
- ....
- ....

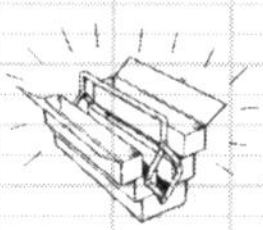

Boîte à outils : calculez votre véritable salaire horaire !

Cet exercice est tiré du livre Your money or your life actuellement indisponible en français (Joe Dominguez et Vicky Robin Your Money or Your Life: Transforming Your Relationship with Money and Achieving Financial Independence, *Penguin*, 1992).

Bien sûr, vous savez combien vous gagnez, c'est inscrit au bas de votre feuille de salaire. Mais ce que ce bulletin n'indique pas, ce sont tous les coûts cachés de votre travail, toutes ces dépenses que vous ne feriez pas si vous n'occupiez pas cet emploi-là. Par exemple, les vêtements que vous achetez parce que votre tenue doit être impeccable, le sport en salle que vous pratiquez pour évacuer le stress dû à votre activité, les transports, bien sûr, mais aussi la cantine ou la garderie des enfants, les plats surgelés que vous achetez (plus chers que des repas faits maison) parce que vous n'avez plus le temps de cuisiner…

En évaluant ces coûts cachés, vous aurez un autre indicateur fiable et juste pour réfléchir au rapport bénéfice / contrainte de votre travail.

Calculez aussi le temps réel que vous passez au travail. Attention à ne pas confondre le nombre d'heures de votre contrat de travail et les heures effectives que vous passez sur votre lieu de travail. N'oubliez pas de compter les temps de déplacement, embouteillages inclus, les pots avec les collègues, le temps nécessaire à votre décompression chaque soir avant de pouvoir être disponible pour autre chose, et toutes ces choses que vous devez faire à cause de votre travail et que vous ne feriez pas si vous n'aviez pas ce travail-là.

Si vous cumulez plusieurs emplois, remplissez autant de lignes qu'il est nécessaire. À vous de définir si votre unité de temps est le jour, la semaine ou le mois.

Calculez également l'argent que vous gagnez grâce à votre (vos) emploi(s). Comptabilisez les salaires mais aussi les primes, les mois supplémentaires, tous les avantages en argent ou en nature dont vous bénéficiez (des chèques-vacances, une voiture ou un logement de fonction, une mutuelle avantageuse, des chèques-cadeaux pour les enfants, des aides sociales...).

Emploi(s)	Temps consacré	Argent gagné
Total A	....	....

Maintenant, remplissez le tableau de la page suivante pour définir les coûts cachés. Notez le temps que vous consacrez à chaque activité. Choisissez de préférence la même unité de temps que dans le premier tableau pour faciliter vos calculs. Dans la colonne « Agent dépensé », prenez bien tout en compte. Par exemple, dans la case « Transport », ne notez pas seulement le prix de l'essence, mais aussi le prix de l'assurance et de l'entretien. Allons même plus loin, posséderiez-vous une voiture si vous n'occupiez pas cet emploi ? Non ? Alors dans ce cas, inscrivez aussi dans la case « Transport », le montant du prêt que vous lui consacrez. Vous avez compris ? Alors à vous de jouer !

Dépenses liées au travail	Temps consacré	Argent dépensé
Transport		
Repas		
Habillement		
Esthétique		
Sport ou activités		
Dépendances : cigarettes, jeux, chocolat, en-cas…		
Garderie, Cantine, centres aérés des enfants		
Vacances, loisirs		
Autre		
Total B	....	....

À présent calculez combien de temps vous consacrez réellement à tout ce qui touche de près ou de loin à votre travail.

Temps = (Total A + Total B) = ...

Puis calculez combien vous gagnez.

Gain = (Total A - Total B) = ...euros

Enfin, calculez votre salaire mensuel, hebdomadaire ou journalier selon l'unité de temps que vous avez choisie.

Salaire = Gain / Temps = ... euros

Aujourd'hui vous gagnez .... euros par heure.

Fort de ce constat, pensez-vous que ce travail mérite le temps et l'énergie que vous y consacrez ?

....

Quel est votre métier idéal ?

Dans l'idéal, le travail que vous avez choisi vous plaît. Vous vous sentez compétent, utile et reconnu.

Mais la réalité est parfois bien différente. D'abord, parce que vous n'avez pas toujours choisi le métier que vous exercez. Ensuite, parce que, même dans ce cas, vous pouvez ressentir une inadéquation entre ce que vous faites et ce que vous voudriez réellement faire. Et parfois, ce que vous faites au quotidien n'a rien à voir avec l'idée que vous vous faisiez de ce métier !

Il est possible cependant d'envisager un emploi qui vous conviendrait mieux.

Si vous pouviez être payé pour faire ce qui vous plaît le plus, que feriez-vous ? N'hésitez pas à rêver les yeux ouverts… Toute action voit son origine dans une pensée qu'on a laissé germer, puis grandir…

- ....
- ....
- ....
- ....

Y a-t-il un métier qui correspond à cela ? Sinon, pouvez-vous le créer ? Renseignez-vous !

- ....
- ....

Pour nourrir cette idée, agissez pendant les semaines qui viennent comme si vous vous réalisiez dans ce métier. Par exemple, si vous avez écrit « cow-boy », allez monter à cheval une heure ou deux, si vous avez écrit « photographe » allez prendre des photos, etc.

Ce mois-ci, pour m'approcher de mon métier idéal, je choisis de

- ....
- ....
- ....
- ....

Quelles actions concrètes pourriez-vous engager pour exercer votre métier idéal ?

- ....
- ....
- ....
- ....

À présent que vous avez réfléchi longuement sur la notion de travail, comment envisagez-vous de replacer cette valeur dans votre vie ?

- ....
- ....
- ....

Cadeau : ce que la vie m'a offert en repensant la valeur « Travail »

Embûche : le regard des autres...

Comment réagira votre entourage si vous changez de travail ?

....

....

Si vous travaillez à mi-temps ?

....

....

Risquez-vous de vous faire traiter de profiteur, de feignant ?

....

....

Comment pouvez-vous répondre à ces remarques ?

....

....

....

....

....

....

Conclusion : et maintenant ?

N'oubliez pas la « légèreté volontaire »... La simplicité heureuse n'est pas et ne doit pas être une croix de plus à porter, mais doit viser à vous simplifier, vous faciliter la vie... Soyez doux avec vous-même, ne vous infligez pas des objectifs irréalistes ou qui vous mettraient en péril...
S'engager sur le chemin de la simplicité heureuse c'est réaliser jour après jour que nous sommes un des éléments constitutifs d'un maillage universel et que chacun de nos actes a une répercussion sur la trame de l'univers. Bien loin de nous ramener à l'âge de pierre, cette philosophie nous permet de nous sentir pleinement humain, pleinement en accord avec le monde qui nous entoure. On trouve de plus en plus sa juste place sans empiéter sur celle des autres. Trouver cette place donne automatiquement du sens à notre existence.

Nous vous souhaitons un beau voyage !

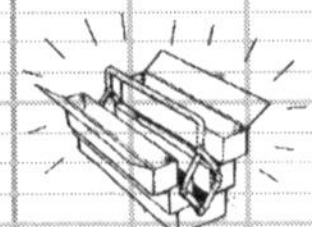

Boîte à outils : carnet d'adresses

Voici quelques lignes qui vous serviront de pense-bête :

Lieu	Adresse et tél.	Horaires
SEL		
Marché biologique		
Marché		
Coopérative		
Moulin		
Amap		
Magasin Bio		

De nombreux outils nous ont grandement aidées à rédiger cet ouvrage :

Sites Internet

Réseau québécois pour la simplicité volontaire : http://simplicitevolontaire.info/

sur lequel nous avons trouvé les articles suivants (certains ont été retirés du site depuis) :

- Pascal Grenier, Ateliers d'introduction à la simplicité volontaire,
- Mark A Burch, Cercles de simplicité volontaire.

Livres

- Joe Dominguez et Vicky Robin, *Your Money or Your Life : Transforming Your Relationship with Money and Achieving Financial Independence*, Penguin, 1992.
- Elaine Saint James, *La Vie simple mode d'emploi, vivre ou courir, à vous de choisir*, First Éditions, 1998.
- Pierre Pradervand, *La vie simple*, guide pratique, Éditions Jouvence, 1999.
- Serge Mongeau, *La Simplicité volontaire, plus que jamais*, Écosociété, 2005.
- Pierre Rahbi, *Vers la sobriété heureuse*, Actes sud, 2010.
- Yves-Alexandre Thalmann, *Petit traité de démanipulation publicitaire*, Éditions Jouvence, 2011.

Achevé d'imprimer sur rotative par l'Imprimerie Darantiere à Dijon-Quetigny en août 2011 - Dépôt légal : septembre 2011 - N° d'impression : 11-0981

Imprimé en France

Dans le cadre de sa politique de développement durable, l'imprimerie Darantiere a été référencée IMPRIM'VERT® par son organisme consulaire de tutelle. Cette marque garantit que l'imprimeur respecte un cycle complet de récupération et de traçabilité de l'ensemble de ses déchets.